AF124709

BEI GRIN MACHT SICH IHR WISSEN BEZAHLT

- Wir veröffentlichen Ihre Hausarbeit,
  Bachelor- und Masterarbeit

- Ihr eigenes eBook und Buch -
  weltweit in allen wichtigen Shops

- Verdienen Sie an jedem Verkauf

Jetzt bei www.GRIN.com hochladen
und kostenlos publizieren

Christoph Alexander Helmut Hauer

Einführung in die politische Wissenschaft

Zusammenfassung zur Kausurvorbereitung

GRIN Verlag

Bibliografische Information der Deutschen Nationalbibliothek:

Die Deutsche Bibliothek verzeichnet diese Publikation in der Deutschen National-
bibliografie; detaillierte bibliografische Daten sind im Internet über http://dnb.d-
nb.de/ abrufbar.

Impressum:

Copyright © 2013 GRIN Verlag GmbH
Druck und Bindung: Books on Demand GmbH, Norderstedt Germany
ISBN: 978-3-656-87970-1

Dieses Buch bei GRIN:

http://www.grin.com/de/e-book/287556/einfuehrung-in-die-politische-wissenschaft

GRIN - Your knowledge has value

Der GRIN Verlag publiziert seit 1998 wissenschaftliche Arbeiten von Studenten, Hochschullehrern und anderen Akademikern als eBook und gedrucktes Buch. Die Verlagswebsite www.grin.com ist die ideale Plattform zur Veröffentlichung von Hausarbeiten, Abschlussarbeiten, wissenschaftlichen Aufsätzen, Dissertationen und Fachbüchern.

Besuchen Sie uns im Internet:

http://www.grin.com/

http://www.facebook.com/grincom

http://www.twitter.com/grin_com

Ruprecht-Karls-Universität Heidelberg
Fakultät für Wirtschafts- und Sozialwissenschaften
Institut für Politische Wissenschaft
Seminar: Einführung in die Politische Wissenschaft
Wintersemester 2012/13

Einführung in die Politische Wissenschaft

Zusammenfassung zur Klausurvorbereitung

1. Was ist Wissenschaft?

Kritischer Rationalismus

- ist eine von Karl Popper (*1902, †1994) begründete philosophische Denkrichtung
- Wie kann man überprüfen, dass aufgestellte Theorien wahr sind? Laut Popper ist das gar nicht möglich (Theorien sind nur Vermutungswissen) → eine endgültige, objektiv belegte Wahrheit gibt es nicht
- Eine Theorie hat nur so lange bestand, bis das Gegenteil bewiesen ist (Schwanbeispiel)
- Falsifikation (Widerlegung einer Aussage) ist möglich
- Verifikation (Belegung einer Aussage) ist unmöglich

    → Wissenschaft soll also nicht bemüht sein, eine Theorie zu beweisen, sondern sie zu widerlegen (weil nur das möglich ist)

- Kritisch, weil versucht werden soll, eigene Theorien zu widerlegen
- Rational, weil Theorie ganz rationalen, logischen Regeln folgt

Es wird von einer Asymmetrie zwischen der Falsifikation und der Verifikation ausgegangen. Während Thesen und Theorien durch eine einzige, sie widerlegende Beobachtung falsifiziert werden, ist eine endgültige Verifikation, auch bei noch so vielen bestätigenden Beobachtungen unmöglich.

Nach dem vom Positivismus heraus entwickelten philosophisch-erkenntnistheoretischen Programm sind alle vorliegenden Theorien als vorläufig anzusehen und permanenten kritischen Prüfungen zu unterziehen (methodischer Rationalismus), durch die Konfrontation mit Erfahrungstatsachen (Versuch der Falsifikation) oder Alternativtheorien (Pluralismus).

These

(altgriechisch: aufgestellter Satz, Behauptung) bezeichnet eine wissenschaftlich zu beweisende Behauptung oder einen Leitsatz. Eine These ist ein Gedanke oder Satz, dessen Wahrheitsinhalt eines Beweises bedarf. Der Verfasser einer These behauptet die Wahrheit. Ist die These nicht haltbar, muss sie verworfen werden. Andernfalls kann an der These festgehalten werden.

Hypothese

(altgriechisch: Unterstellung, Voraussetzung, Grundlage) ist eine Aussage, deren Gültigkeit man für möglich hält, die aber nicht bewiesen oder verifiziert ist. Es werden die Bedingungen angegeben, unter denen sie gültig sein sollen. In positivistischen wissenschaftstheoretischen Strömungen ist die Hypothese eine Vorstufe einer Theorie, zu der sie durch verifizierende Beobachtungen werden kann.

Hypothesen haben den Status einer Annahme, die üblicherweise nach dem deduktiv-nomologischen Modell (eine formale Struktur der wissenschaftlichen Erklärung eines Kausalzusammenhangs mittels natürlicher Sprache) überprüft werden. Dabei werden beobachtete Daten auf die Hypothese angewendet und damit verglichen, ob die Hypothese mit den tatsächlich beobachteten Ereignissen übereinstimmen. Ist die Übereinstimmung gegeben, wurde die Hypothese bestätigt und die zugrunde liegende Theorie hat sich bewährt. Hypothesen, die keinem Beobachtungssatz widersprechen, gelten nicht als empirisch.

Theorie

Eine Theorie ist ein System von Aussagen, das dazu dient, Ausschnitte der Realität zu beschreiben (deskriptiv), beziehungsweise zu erklären (kausal) und Prognosen über die Zukunft zu erstellen.

„Theorie" bezeichnet in der Wissenschaft also im Unterschied zur Hypothese eine Aussage oder eine voneinander abhängige Gruppe von Aussagen, die durch empirische Erfahrungen bestätigt wurden (z. B. Relativitätstheorie, Gravitationstheorie, Evolutionstheorie). Eine Behauptung oder ein Leitsatz, der durch wissenschaftliche Beweisführung bewiesen oder widerlegt werden soll, heißt These.

Nach positivistischem Verständnis sind Theorien mit dem Anspruch verknüpft, sie durch Beobachtungen (z. B. mittels Experimenten oder anderer Beobachtungsmethoden) prüfen zu können (Empirie). Diese Beobachtung liefert dann direkt die Wahrheit oder Falschheit der Theorie, d.h. sie verifiziert oder falsifiziert die Theorie.

Kritisch-rationale Ansätze vertreten allerdings die Auffassung, Theorie, Spekulation und Hypothese seien gleichwertig, da theoretische Annahmen grundsätzlich nicht verifiziert werden könnten.

Metatheorie

ist die Bezeichnung für eine Theorie, deren Forschungsgegenstand eine andere Theorie oder eine Menge anderer Theorien ist. (Metatheorie ist also eine <u>Theorie über eine Theorie</u>/Theorien).

Sie kann beschreibende, erklärende, prognostische und empfehlende Aussagen über ihren Untersuchungsgegenstand machen. Dazu untersucht sie die logische Struktur der Theorie(n), dazu Begriffssystem, Grenzen, Entwicklungsmöglichkeiten, Beweisverfahren usw. der Theorie(n), wobei sie sich einer Metasprache bedient.

Positivismus

Philosophie, die ihre Forschung auf das Positive, Tatsächliche, Wirkliche und Zweifellose beschränkt, sich allein auf Erfahrung beruft und jegliche Metaphysik als theoretisch unmöglich und praktisch nutzlos ablehnt.

Als Basis für wissenschaftliche Erkenntnis sind nur Tatsachen zugelassen. Unter Tatsachen versteht man wirklich Gegebenes, das man objektiv erkennen kann. Das Ziel ist die Aufstellung von Theorien, Gesetzen und Hypothesen.

Empirische Wissenschaft

Unter Empirie („Erfahrung, Erfahrungswissen") wird in der Wissenschaft eine im Labor oder im Feld durchgeführte Sammlung von Informationen verstanden, die auf gezielten, systematisch verlaufenden Untersuchungen beruht.

Der Begriff der Empirie wird auch im Zusammenhang mit den Ergebnissen solcher Forschungen, nämlich den empirischen Daten, verwendet. In der Philosophie, insbesondere der Wissenschaftsphilosophie, wird zwischen Empirie und Evidenz unterschieden. Empirische Forschungen können durch verschiedene Methoden praktisch angewendet werden.

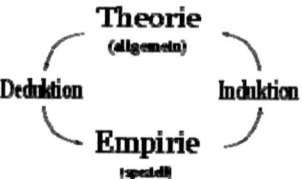

Deduktion (lat. Abführen, Fortführen, Ableitung)
- ist in der Philosophie und der Logik eine Schlussfolgerung von gegebenen Prämissen auf die logisch zwingenden Konsequenzen. Aristoteles: „Schluss vom Allgemeinen auf das Besondere" d.h. der Vererbung von Eigenschaften, die alle Mitglieder einer Gruppe teilen, auf echte Untermengen und einzelne Elemente. Deduktion schließt aus gegebenen Voraussetzungen auf einen speziellen Fall.

Induktion (lat. herbeiführen, veranlassen, einführen)
- Schluss aus beobachteten Phänomenen auf eine allgemeinere Erkenntnis, etwa einen allgemeinen Begriff oder ein Naturgesetz (Gewinnung von allgemeinen Aussagen aus der Betrachtung mehrerer Einzelfälle) „Schluss vom Besondern auf das Allgemeine". Karl Popper hat zu zeigen versucht, dass Induktion eine Illusion ist, dass in Wirklichkeit immer nur Deduktion zum Einsatz kommt und dass sie auch ausreichend ist.

Induktionsproblem
- Es bezieht sich auf die Frage, ob und wann ein Schluss durch Induktion von Einzelfällen auf ein allgemeingültiges Gesetz zulässig ist.

Popper: Es gibt keine gültige Induktion, die zwingend von speziellen Beobachtungssätzen der Art „Dieser Schwan ist weiß" zu der allgemeinen Aussage „Alle Schwäne sind weiß" übergehen kann.
Denn ein einziger beobachteter schwarzer Schwan reicht aus, um einen solchen Allsatz zu widerlegen.
Es müsste also ausgeschlossen werden, dass es schwarze Schwäne überhaupt geben könnte. Diese wissenschaftliche Theorie, kann aber nur falsifiziert werden, nicht endgültig bestätigt.

Kausalität (Beziehung zwischen Ursache und Wirkung)
→ eine Kausalhypothese muss drei Voraussetzungen erfüllen:
    1. zwischen X und Y besteht ein statistischer Zusammenhang
    2. die Ursache X geht der Wirkung Y zeitlich voraus
    3. Zusammenhang zw. X und Y besteht auch nach Eliminierung von Drittvariablen
Beispiel: „Der Tritt auf das Gaspedal verursacht, dass das Auto beschleunigt"

Korrelation (Wechselbeziehung)
ist ein quantitatives Maß zur Beschreibung linearer Zusammenhänge (eine Größe hängt von
der anderen Größe ab)
→ Enge des Zusammenhangs wird durch den Korrelationskoeffizienten charakterisiert
Positive Korrelation (je mehr, desto mehr) ist: „Je mehr Futter, desto dickere Kühe."
Negative Korrelation (je mehr, desto weniger) ist: „Je mehr zurückgelegte Strecke mit dem
Auto, desto weniger Treibstoff ist im Tank übrig."
↔ ist jedoch kein Ursache-Wirkung Prinzip. Bsp.: „Je mehr Eis verkauft wird, umso mehr
Sonnenbrände gibt es auch." Das ist zwar richtig, aber Eisessen erzeugt keinen Sonnenbrand
→ die Messgrößen hängen über eine dritte Größe als Ursache kausal zusammen.

Objektivität
Ist die Unabhängigkeit der Beurteilung oder Beschreibung einer Sache vom Beobachter
beziehungsweise vom Subjekt.
Objektivität erfordert eine scharfe Trennung von Objekt und Subjekt. Damit geht der Begriff
Objektivität aber auch davon aus, dass es eine Erkenntnis von einem Objekt gibt, dass
unabhängig von dem beobachtenden Subjekt ist. Für viele (post)moderne Wissenschaftler ist
Objektivität daher eigentlich zumindest erkenntnistheoretisch nicht möglich. Eine vom
Beobachter unabhängige, allein das Objekt betreffende (und damit objektive) Erkenntnis
kann es ihrer Meinung nach nicht geben.
Popper verteidigt den Begriff der Objektivität. Er kritisierte zwar die klassische Sichtweise
zum Begriff der Objektivität, nach der Wissen und Erkenntnis durch Begründungsmethoden
seine Objektivität erhalte und die Objektivität für die Richtigkeit und Zuverlässigkeit des
Wissens garantieren könne. Er weist darauf hin, dass Objektivität zumindest im Sinne von
intersubjektiver Überprüfbarkeit möglich ist. Später erweiterte er seine Sicht und sprach sich
für Objektivität im ontologischen Sinn aus, denn auch wenn eine Annahme nicht begründet
werden kann, kann sie dennoch wahr sein und mit der Wirklichkeit übereinstimmen, und
wenn sie tatsächlich wahr ist, dann kann sie nicht nur intersubjektiv überprüft werden,
sondern auch ihre Konsequenzen sind objektiv zutreffend. Beispiel: Man kann die
zutreffende Annahme, dass die Sonne extrem heiß und daher für Lebewesen tödlich ist nicht
nur überprüfen, sondern wer in die Sonne fliege, der erleide auch objektiv den Tod.

Intersubjektivität
geht davon aus, dass ein (komplexerer) Sachverhalt für mehrere Betrachter gleichermaßen
erkennbar und nachvollziehbar ist: man ist sich beispielsweise darüber einig, wie man etwas
wahrnimmt, wie man es einordnet oder was es bedeutet (z. B. „Autos sind eine nützliche
Erfindung").
Der Begriff ist von Subjektivität abgrenzbar: „Subjektiv" nennt man, was nur den einzelnen
Individuen zugänglich ist und wofür auch keine Allgemeinheit beansprucht wird. Typische
Beispiele: „Der Spinat schmeckt mir nicht", „Ich würde gerne einmal nach Island fahren".
Wird aber auch von Objektivität unterschieden: Objektive Fakten sind direkt beweisbar, und
zwar unabhängig von Bedingungen, die etwa in einzelnen Betrachtern oder deren Kontext
liegen. Typische Beispiele sind mathematische und logische Wahrheiten.

Forschungsprozess

1. Formulierung einer Fragestellung
2. Entwicklung eines theoretischen Arguments
3. Ableitung von Hypothesen
4. Konzeptdefinition
5. Bestimmung der Untersuchungsform
6. Fallauswahl
7. Operationalisierung
8. Datenerhebung und -erfassung
9. Analyse
10. Publikation

- **Unabhängige Variable** (UV) = erklärende Variable (exogen)
  erfasst die Sachverhalte, von denen angenommen wird, dass sie das Auftreten oder die Ausprägung der AV beeinflussen
- **Abhängige Variable** (AV) = erklärte Variable (endogen)
  erfasst, was verstanden bzw. erklärt werden soll, d.h. worauf sich die Forschungsfrage richtet
- **Intervenierende Variable** (IV) = eingreifende Variable
  erfasst die Sachverhalte, von denen vermutet wird, dass ihr Vorhandensein oder ihre Ausprägung den Zusammenhang zwischen der UV und der AV beeinflusst

Wiss. Hypothesen unterstellen eine kausale Beziehung zwischen Variablen.
z.B.: „Je niedriger das Heiratsalter, desto höher die Scheidungsrate".
Unabhängige Variable (UV): Bedingung, „Ursache" (z.B. Heiratsalter)
Abhängige Variable (AV): Folgen/Effekte, „Wirkung" (z.B. Scheidungsrate)
Intervenierende Variable (IV): beeinflusst die Wirkung der UV auf die AV (z.B. Zahl der Kinder, Persönlichkeitsmerkmale...)

Begriffserläuterungen

- **Logisch konsistent**: Aussagen ohne inneren Widerspruch
- **Empirisch bestätigt**: durch Forschung belegt
- **Inferenz**: Verallgemeinerung der Erkenntnisse; Anwendbarkeit auf mehrere Phänomene
- **Theorie**: System von miteinander verbundenen Aussagen; umfasst Definitionen und Grundannahmen, aus welchen ein System von Hypothesen und Gesetzen abgeleitet werden kann
- **Hypothese**: Vermutung über Wirkungszusammenhänge zwischen Konzepten; theoretisch her leitbar und empirisch überprüfbar
- **Paradigma**: Theorie/ Theorienfamilie, die nicht in Frage gestellt wird
- **Notwendige Bedingung**: Ein Baum steht da. Es könnte sein, dass dort auch ein Wald ist.
- **Hinreichende Bedingung**: Dort ist ein Wald, also müssen dort auch Bäume sein
- **Variablen**: Sammelbegriff für alle Merkmalsausprägungen eines Konzepts
- **Exogene Variablen**: Unabhängige Variable, Ursache für Veränderung der endogenen Variable

- **Endogene Variable**: Abhängige Variable, Ausprägung verändert sich durch die Variation der exogenen Variable
- **Kausale Hypothese**: empirisch überprüfbarer Wirkungszusammenhang; konzentriert sich auf Ursache-Wirkungs-Verhältnis
- **Deterministische Hypothesen**: Wenn X, dann immer Y
- **Probabilistische Hypothesen**: Wenn X, dann mit p Wahrscheinlichkeit Y
- **Erklärung**: deduktiv-nomologische Erklärung; besteht aus Explanandum und Explanans
- **Horizontaler Vergleich**: gibt Informationen über Gestalt/ Performanz eines Merkmalträgers → spezifisches Profil
- **Vertikaler Vergleich**: Ermittlung der Verteilung für eine Variable (diachroner Vergleich) → z.B. Einkommensverteilung für alle befragten Personen
- **Querschnittsvergleich**: Vergleich von Daten zum Zeitpunkt t (synchroner Vergleich)
- **Komparativ-statischer Vergleich**: Vergleich von Merkmalsausprägungen der Variablen zu zwei verschiedenen Zeitpunkten → Bsp. ökon. Situation von 1968 mit der von 1998 vergleichen

2. Was ist Politik?

Dimensionen der Politik

<u>Polity</u>
- politischer Handlungsrahmen
- Verfassung/grundlegende Organisationsformen und Normen eines Staates
- Einstellung der Gesellschaft, Kultur
- Verhältnis der Staatsorgane untereinander
- Bsp: Grundgesetz, Geschichte (3. Reich)

<u>Politics</u>
- „Regierungskunst"
- Politische Arbeit/ Aktivitäten/ Prozess: Kampf um Entscheidungsbefugnis, Erstellen der inhaltlichen Programme, Führungspersonal
- Bsp: Wahlkampf, Parlamentsdebatten, Kompromissfindung

<u>Policy</u>
- Ergebnis der politics: Inhalt, Ziele
- Gesellschaftliche Werte und Interessen
- Bsp: Sozialpolitik, Umweltpolitik

→ Immer alle 3 Dimensionen vorhanden.
    Ausnahmen: Bürgerkrieg (Polity außer Kraft gesetzt), Diktatur (Politics eingeschränkt), Plazebo-Politik (Policy vorgetäuscht)

Begriffe der politischen Realität

<u>Der normativ-ontologische Politikbegriff</u> (Platon, Aristoteles)
- Orientierung an Gütern und Werten
- politische Ordnung als Voraussetzung des „guten Lebens"
- Definierung dessen, „was sein soll"

<u>Der realistische Politikbegriff</u> (Machiavelli, Hobbes, Weber)
- Fokus liegt auf Mittel des politischen Handelns (Macht, Herrschaft)
- Alles politische Handeln ist auf Machtgewinn aus

<u>Das Freund-Feind-Kriterium</u> (Schmitt)
- Subtyp des realistischen Politikbegriffs
- Kampf um Macht = Krieg aller gegen alle
- Definition des „Freunds" durch gemeinsamen „Feind"/ Abgrenzung nach außen

<u>Der marxistische Politikbegriff</u> (Marx, Horkheimer, Engels)
- Politik steht in engem Zusammenhang mit den sozioökonomischen Verhältnissen einer Gesellschaft und kann nur unter deren Berücksichtigung analysiert werden
- Kampf der Klassen und ihrer Parteien um die Durchsetzung ihrer (vorrangig sozialökonomisch bedingten) Interessen
- Materialistisch orientiert, marxistisch

<u>Der empirisch-analytische Politikbegriff</u> (Easton, Almond)
- Erarbeitung logisch richtiger Aussagen anhand der empirischen Analyse
- absolute Wertfreiheit/Objektivität

→ Die Veränderungen in Staat, Gesellschaft und Politik nahmen immer auch Einfluss auf die Politikwissenschaft, ihre Inhalte, ihren Fokus und ihre Definition.

Die politikwissenschaftlichen Schulen/ „Paradigmen"

<u>normativ-ontologisch</u> (z.B. Freiburg, München)
- Politische Wirklichkeit erkennen, philosophische Analyse
- Handlungsanweisungen ableiten
- Argumentative Rechtfertigung der Demokratie

<u>empirisch-analytisch</u> (z.B. Heidelberg, Mannheim)
- Logische Überprüfung politischer Thesen
- Aufstellen von empirisch wahren Aussagen, Tatsachenforschung, Werturteilsfreiheit wichtig
- Zuarbeitung zu rational sinnvoller (nicht ideologischen) Politik

<u>kritisch-dialektisch/kritische Theorie</u> (z.B. Frankfurt)
- „kritische Theorie" (Max Horkheimer, Theodor W. Adorno, Herbert Marcuse)
- Noch tiefgründigere Untersuchung von Wirkungszusammenhängen (Einfluss der Familie, der Persönlichkeit usw.)
- Marxistisches Gedankengut
- politische Realität zu humanistischen Idealen hin verändern

→ Die Drei-Schulen-Lehre ist etwas überholt, da es teilweise keine klaren Unterscheidungen zwischen den Schulen gibt und eine Kombination aller (empirisch und normativ) die beste Lösung wäre. Außerdem sind die marxistischen Ideale überholt (kritische Theorie).

Fazit

- Politik = gesellschaftliche Aktivitäten, die sich um einen gesellschaftlichen Konsens (Politics) bemühen, um inhaltliche Handlungsprogramme (Policy) zu verwirklichen. Dabei muss eine bereits existierende politische und gesellschaftliche Ordnung berücksichtigt werden (Polity).
- Politik = Konflikt rivalisierender Gruppen
- Politik = Regelung des gesellschaftlichen Aspekts öffentlichen Lebens (Begriff hier enger ziehen, nur Aspekte mit tatsächlicher gesellschaftlicher Relevanz, sonst Verwässerung)

→ Politik ist vielschichtig und lässt sich nicht in einer prägnanten Definition einfangen. Nur die Berücksichtigung aller Ansätze führt zu einem umfassenden Verständnis dessen, was Politik ausmacht. Der Pluralismus der Dimensionen macht eine sorgfältige Auswahl des „richtigen" Ansatzes nötig: Je nach Untersuchungsgegenstand sollte, analog zur Methode, der passende Ansatz ausgewählt werden. (Vergleichbar mit Mensch: Manchmal reicht es aus, das Geschlecht zu kennen, manchmal die Nationalität, aber meistens sind mehrere Eigenschaften wichtig und je nachdem welche, muss man einen anderen Ansatz wählen)

3. Arbeitstechniken

Der Lesevorgang

- Mustererkennung durch visuelle Wahrnehmung
- Aktivierung des individuellen Repertoires
- Relevanzprüfung
- Wiedererkennungseffekt
- Erkenntnis: Fragen generieren

Die „ Sechs Schritte Methode" (PQ4R)

- Preview: Übersicht gewinnen
- Question: Formulierung von Fragen
- Read: Den Text auf die Fragen bezogen lesen
- Reflect: Reflektion des Gelesenen
- Recite: Wiederholung und schriftl. Beantwortung
- Review: Zusammenfassung/ Visualisierung

Marginalien

- Prägnante Stichwörter /Satzteile
- Abkürzungen (Psych. = Psychologie)
- Paraphrasieren
- Metasprachliche Begriffe

Kritik am Text

Textkritik	Sachkritik
Aufbau/Struktur Stil/Sprache	Sachliche Darstellung der Probleme Inhaltliche Reflexion

Die Literaturrecherche

- Grundlegende Recherchemethoden
  - Schneeballprinzip
  - systematisches Bibliographieren
- Die Suche nach Monographien (selbstständiger Literatur):
  - Lokale Bibliothekskataloge/ HEIDI
  - Verbund- und Zentralkataloge (regionale/ deutsche/ausländische Literatur)

- Fachbibliographien
- Online- und CD-Rom-Datenbank
- Rezensionen
- Hochschulschriftenverzeichnisse
- Buchhandelskataloge
- Suche nach Aufsätzen/ grauer Literatur (unselbstständige Literatur)
- Recherche im Internet

Hausarbeit

- Themensuche (Quellen beachten)
- Vorarbeit: Wissenslücken, Struktur, Fragestellung
- Arbeitsgliederung
- Hauptteil: Begriffserklärung, Forschungsansatz, Argumentation
- Schluss: Überprüfen der Thesen, eigene Einschätzung, Lücken benennen
- Fremde Inhalte kenntlich machen und korrekt zitieren:
  - Buch: NACHNAME, Vorname, Jahr: Titel. Untertitel, Auflage, Stadt: Verlag, Seite(n)
    Bsp.: SCHAAL, Gary S./ HEIDENREICH, Felix, 2009: Einführung in die Politischen Theorien der Moderne, 2. Auflage, Opladen u.a.: Budrich, 31 – 35
  - Zeitschriftenartikel: NACHNAME, Vorname: Titel, in: Name des Herausgebers (Hrsg.): Titel der Zeitschrift, Ort, Jahr, Seite(n)
    Bsp.: HAGEMANN, Frederik: Mein Heimweg durch Heidelberg, in: Carlsen (Hrsg.): Geschichten von Einwanderern, Heidelberg, 2012, 69
- Anhänge, Abbildungsverzeichnis, Literaturverzeichnis
- Habe ich den richtigen Ton getroffen? (Sachlich, neutral, erkennbarer Zusammenhang?
- Überprüfen der Form und des Titelblatts
- Letzter Check:
  - Fragestellung beantwortet?
  - Arbeit auf notwendige Gesichtspunkte konzentriert?
  - Roter Faden erkennbar?
  - Passen Einleitung und Schluss zusammen?
  - Stimmen die Überleitungen?
  - Wiederholungen?
  - Verständlichkeit?
  - Orthographie/ Interpunktion?
  - Passt die Seitenzahl zur Gliederung im Verzeichnis?
  - Formatierung prüfen

Das Referat

- Aufbau
    - Einleitung: Hinführung zum Thema
    - Hauptteil: Darstellung zentraler Thesen nach Baukastenprinzip
    - Schluss: Zusammenfassung/ Wiederholung
- Präsentation
    - Beachtung von Sprechtechnik, Haltung und bewussten Medieneinsatz
- Arbeitspapier/ Handout: Gedächtnisstütze und Kurzzusammenfassung
    - Einhaltung der Gliederung mit wichtigsten Kerngedanken/ Literaturhinweisen
    - Beachtung der formalen Gestaltung: Schriftgröße 12; Rand für Notizen; 1,5-Zeilenabstand

4. Politische Ideengeschichte und Philosophie: Thomas Hobbes (1588 – 1679)

Menschenbild und Naturzustand

- Jeder Mensch ist gleich begabt und vernünftig
- Der Mensch handelt gewinnorientiert und ist auf seinen eigenen Vorteil bedacht
- Es herrschen Konkurrenz, Misstrauen und Ruhmsucht
- „Homo homini lupus" – „Der Mensch ist dem Mensch ein Wolf"
  - → Naturzustand (Vorstellung, kein real existierender Zustand)
    - „Krieg aller gegen alle", Kardinaltugenden: Gewalt und Betrug
    - Jeder hat das Recht auf alles → keine Sicherheit für Leben und Eigentum
    - Generell Wunsch nach Frieden
    - Keine übergeordnete Macht/ Instanz
    - Leben in permanenter Angst („das menschliche Leben ist einsam, armselig, ekelhaft, tierisch und kurz")
    - Natürliches Recht: Freiheit eines jeden, seine Fähigkeiten nach seinem Willen zur Selbsterhaltung einzusetzen

Staatstheorie – der „Leviathan" (1651)

- Natürliches Recht tritt außer Kraft, ab jetzt „Positives Recht" (vom Menschen geschaffen)
- Natürliches Gesetz:
  - Gebot zum Frieden
  - „Goldene Regel": Behandle Mitmenschen so, wie du selbst behandelt werden möchtest.
  - Anerkennung von Verträgen als wechselseitige Übereinkunft
- Leben im Naturzustand ist zwar freier, aber anstrengend und brutal, darum nicht lebenswert.
- Menschen schließen sich zu Staat zusammen → Einschränkung, Unterwerfung, begrenzte Freiheit → Rechte werden übertragen auf Herrscher (Leviatan)
- Staat ist reiner Rechtsstaat: Herrscher ist an formale Regeln gebunden: Gesetze müssen öffentlich verkündet werden, Rückwirkungsverbot, dürfen nicht unnötig sein, eindeutig
- Die 5 Momente der Staatsgründung:
  1.) Der Verzicht auf das Recht auf alles → Übertragung auf den Souverän
  2.) Die Autorisierung: Der Souverän darf Handlungen im Namen und Interesse der Untertanen ausführen, diese erkennen sie als ihre eigenen an
  3.) Vereinheitlichung des Staates: Staat ist eine Einheit mit einem Willen (Person des Staates: Individuen + Herrscher)
  4.) Machtkonzentration: Staat = vom Menschen errichtete Zwangsgewalt mit absoluter Macht, alle Untertanen müssen Gehorsam leisten
  5.) Recht auf Widerstand: Wenn Herrscher Schutz des einzelnen nicht garantiert, verfällt seine Macht → Naturrecht herrscht wieder (jeder darf sich selbst verteidigen mit allen Mitteln)

Hobbes' Erkenntnismethode

- Gedankenexperiment (kein empirischer Wesensgehalt)
- Analytische Vorgehensweise: Begriffe sind fixe Definitionen (Axiom) ohne Interpretationsraum und ohne Beweisgrundlage
- Ausgangspunkt: modellhaftes menschliches Individuum, soll in legitimen stabilen Staat münden
- Methodologischer Individualismus: Individuelles Handeln ist Ursache für Staat und Struktur (Gegenteil: Methodologischer Kollektivismus = Kollektiv bestimmt Handeln des einzelnen)

Wirkung

- Lösung für Legitimationsfrage des Staates (hypothetischer Vertrag), Gegenentwurf zum „Gottesgnadentum"
- Politische Anthropologie (= wie ist der Mensch?): These des einzelgängerischen, egoistischen, rational denkenden Menschen → Beeinflussung der Ökonomie
- Ausgangspunkt für realistische Denkschule
- Erster moderner Kontraktualist (Kontraktualismus = Vertragstheorien zum Erkenntnisgewinn verwenden)
- Kann auf IB angewendet werden: Staaten im Naturzustand, geben Kompetenzen an übergeordnete Instanzen ab (z.B. EU)

5. Moderne politische Theorie: John Rawls (1921 – 2002)

Eine Theorie der Gerechtigkeit

- Hypothetischer Urzustand vor Staatsgründung
    - Alle Individuen sind unter dem „Schleier des Nichtwissens": Sie kennen sich selbst nicht (Alter, Geschlecht, Stellung) und müssen daher annehmen, die schwächste Position in der Gesellschaft zu sein. Sie sind zwar gewinnorientiert, aber risikoavers. Es herrscht gegenseitiges Desinteresse (kein Neid usw.)
    - Individuen einigen sich auf gerechte Ordnung (kennen eigene Präferenzen und Wünsche nicht, darum wird das objektive Wohl gewählt) nach Maximin-Regel: Differenzprinzip = Wahl der Alternative, bei der das schlechtest mögliche Ergebnis besser ist, als bei jeder anderen (Gegenteil: Utilitarismus = größtes Gesamtwohl) aufgrund der risikoaversen Einstellung
    - Ziel: Das größtmögliche Glück der größtmöglichen Zahl
- Gerechtigkeitsprinzipien:
    - 1. Prinzip der gleichen Freiheit/ Rechtlich-politische Gerechtigkeit: Jeder soll so viel gleiche Grundfreiheiten haben, wie es für alle im System möglich ist (Wahl- und Beteiligungsrechte, Rede- und Versammlungsfreiheit, Gewissens-, Gedanken- und Religionsfreiheit, Recht auf Eigentum und körperliche Unversehrtheit)
    - 2. Prinzip der fairen Chancengleichheit/ Sozio-ökonomische Gerechtigkeit:
    Umverteilung und soziale und wirtschaftliche Ungleichheiten sind nur erlaubt, wenn sie sich zu jedermanns Vorteil entwickeln, also auch das sozial schwächste Mitglied der Gesellschaft davon profitiert. Keiner soll aufgrund natürlicher Ausgangslage bevorzugt werden. Alle Ämter müssen jedem zugänglich sein.
    (Definitionen: Grundgüter = Dinge die jeder möchte, z.B. Rechte, Freiheiten, Vermögen, Chancen; Natürliche Güter = Persönliche Veranlagungen, Neigungen, Fähigkeiten, z.B. Intelligenz, Körperkraft, Gesundheit)
    - 1. Prinzip hat Priorität vor 2. Prinzip → mangelnde Freiheiten sind nicht durch wirtschaftliche Vorteile auszugleichen
    - Prinzip der Chancengleichheit ist Ursache für Differenzprinzip

Wirkung

- Große Wertschätzung bei Kritikern:
    - Originelle neue Elemente: Urzustand, Differenzprinzip
    - Konzeption gesellschaftlicher Primärgüter (Wohlergehen gemessen an objektiven Grundlagen der Bedürfnisbefriedigung)

- Kritik:
    - Theorie diene als Entschuldigung des Status quo in kapitalistischen Systemen
    - Verfassungswahl im Urzustand ist unrealistisch, Menschen sind nie „gerecht"/ moralisch
    - Es kann nicht nachgewiesen werden, dass alle Menschen im Urzustand risikoavers handeln würden
    - Struktur fragwürdig, da alle im Urzustand eingegangenen Vertragsschlüsse nicht bindend sind
    - Nicht so universell anwendbar, wie Rawls behauptet
- Empirische Übertragbarkeit:
    - Keine Vorschläge für tatsächliche Konstruktion der Verfassung/ sozialer Institutionen
    - Aber Ideale sind oft erkennbar, z.B. Deutschland: Prinzip 1: unveräußerliche Grundrechte in Art. 1 GG: „Die Würde des Menschen ist unantastbar."; Prinzip 2: unklar, inwiefern die sozial schwächsten von Ungleichheiten profitieren, aber soziale Unterstützungsmaßnahmen, wie Arbeitslosenversicherung

6. Der Vergleich als Methode

Widerholung : Kriterien der Wissenschaft

- Empirische Verifikation
- Überprüfbare Aussagen
- Scientific community
- Nicht normativ

Warum vergleichen?

- Erfahrungs-, Möglichkeits- und Realitätserweiterungen
- Unterstützung der Suche von Utopien, Idealtypen etc.
- Vergleich als Kontrolle (verifizieren oder falsifizieren)
  → Mögl. etablierte Erklärungen/ Hypthesen zu überarbeiten

Was vergleichen?

- Varianz = theoretischer „Spielraum", ab wann Phänomene unterschiedlich zueinander und ab wann sie als „gleich" zu definieren sind
- Zwei Phänomene mit
  - gleichen Kriterien…
  - …und dazugehöriger Varianz in den Kriterien
- Problematik der Varianz: ab wann sind Kriterien gleich – ab wann unterschiedlich
- Bivalent = zweiwertig vs. stetig = vielwertig
  → Kritik bivalent: schwarz – weiß – Charakterisierung lässt wenig Mögl. für Transparenz
- Korrelation (Zusammenhang über – unbekannte – 3. Variable vs. Kausalität (direktes Ursachen-Wirkungsverhältnis)
  Bsp. für Korrelation: weniger Medikamente = höhere Lebenschance, doch: Sport = weniger Medikamente + Lebenschance
  Bsp. für Kausalität: Sturz aus 10000km auf Boden = Tod

Konkordanzmethode

- Primär: Übereinstimmung (lat. Concordanatia)
- Kennzeichen: gemeinsame Variable verschiedener Fälle treten in jedem Fall zusammen auf
- Erklärung: Ausschluss anderer Variablen
  → Kausaler Zusammenhang

Beispiel:

	Auslandsäbhängigkeit	Bildung	Reichtum	Vollbeschäftigung
A	-	+	+	+
B	+	-	+	+
C	+	+	+	+
D	-	-	+	+

→ Ausland und Bildung = ausscheidende Erklärung
→ kausaler Zusammenhang zwischen Reichtum und Bildung = entscheidende
Übereinstimmung (Konkordanz)

Differenzmethode

- Primär: Unterschied (lat. Differentia)
- Kennzeichen: gemeinsame Variable sehr ähnlicher Fälle ändern sich in jedem Fall
  zusammen
    → Kovarianz
- Erklärung: Ausschluss anderer Variablen
    → Kausaler Zusammenhang

Beispiel:

	Ausland	Bildung	Reichtum	Vollbeschäftigung
A	+	-	+	+
B	+	-	+	+
C	+	-	-	-

→ Ausland und Bildung = unabhängige Variable; können für Erklärung ausgeschlossen
werden
→ Kausaler Zusammenhang zwischen Reichtum und Vollbeschäftigung = Kovarianz

Kritik an Konkordanzmethode/Differenzmethode

- Beschränkte Anwendung in den Sozialwissenschaften
  - Induktives Vorgehen
  - Lediglich Eliminierung von kausalen Zusammenhängen
  - Einschränkendes Bivalenzprinzip (zweiwertig)
  - Vernachlässigung von Variablen
  - Keine probalistische Kausalität möglich

small – n –Problem

„many variables, small N problem"
→ zu wenig Fälle um alle relevanten Variablen testen zu können

abhängige Variable

zu erklärende Variable

unabhängige Variable

erklärende Variable

Most-Similar-Designs

- Fallauswahl: möglich ähnliche Fälle vergleichen
- Quasi – experimentelle Vorgehensweise

Most-Different-System-Design

- Fallauswahl: möglich verscheide Fälle (örtlich/zeitlich)
- gleiche Abhängige Variable

Most similiar cases design (MSCD) und most dissimliar cases design (MDCD)

- „Forschungsdesigns" der Konkordanz- und Differenmethode
- Theoretischen Konstrukte
- Standartmethoden des Vergleichs

MSCD (Vorläufer der Differenztheorie von Mill)

Durchführung:

2 Fälle, die sich in ihrer abhängigen Variablen in ähnlicher Ausprägung variiert und zu einem Phänomen (oder „nicht" Phänomen) führt
→ gesucht wird die Ursache für die Differenz, unter geringem Einfluss der Drittvariablen
→ Kontext–Betrachtungen der Drittvariablen können zu anderen Hypothesen/Theorien führen, im Fokus liegt aber primäre nur eine zu untersuchende Variable

Beispiel:

Fall 1 Kontext A (x1, x2, x3, x4) Ergebnis y1
Fall 2 Kontext A (x1,   x3, x4) Ergebnis „nicht" y1

→ Hier wäre also die unabhängige Variable x2 eine notwendige Bedingung für die abhängige Variable y1
→ Theoretisch könnten nun die anderen Variablen auf möglichen Einfluss untersucht werde, was aber nur mit Fällen möglich wäre bei den x1, x3 und x4 zu isolieren ist (Variablenisolation)

MDCD (Vorläufer der Konkordanzmethode von Mill)

Durchführung

2 Fälle, die in ihrem Phänomen („nicht" Phänomen) übereinstimmen, ansonsten sehr unterschiedlichen sind. Grundidee ist, dass trotz der großen Fallunterschiede im MDCD, bereits eine Variable als hinreichende Bedingung für das zu erklärende Phänomen dient

Beispiel:

Fall 1 Kontext A (x1, x2   ) Ergebnis y1
Fall 2 Kontext A (x1   ) Ergebnis y1
Fall 3 Kontext A (nicht x1) Ergebnis „nicht" y1

→ Hier sind x1/x2 unabhängige Variable, bei isolieren auf x1 ist das Ergebnis gleich – wird x1 negiert, ist auch das Ergebnis/Phänomen negativ

Grenzen:
- Ein Phänomen nur auf eine Variable zu beschränken ist wenig überzeugend (MSCD), auch dass eine Ursache in sehr unterschiedlichen Kontexten die gleiche Wirkung zeigen soll (MDCD) ist nicht verifizierbar
- Selection bias: Das (vorhergehende) Auswählen der Fälle beeinflusst das Ergebnis

Forschungsprozesse

umfassend alle die Forschung/den Vergleich betreffende Einflüsse
- Zielsetzung (Diskussion d. Forschungsfrage)
- Bestimmung des aktuellen Wissenstandes
- Versuchsplanung
- Versuchsdurchführung
- Dokumentation
- Interpretation

Experiment

Ziel: empirische Gewinnung von Daten; Vorbild VWL/Psychologie;
                     Abbildung theoretischer Generalisierung
Durchführung:
- Laborexperimente: abgeschlossene Räumlichkeit/ Zeitperspektive; weitgehende Kontrolle eventueller Störvariablen; vorgegebene Zahl an Probanden (mind. 2 Gruppen); zeitliche Einteilung; vorgegeben Kausalbeziehung wird untersucht (mit positivem oder negativem Erfolg)
  → Vorteil: interne Sicherheit (Validität) durch hohes Maß an Kontrolle
  → Nachteil: fehlende externe Validität
  → Ziel: Variablenisolation; Kontrolle von Sekundärvarianz; interne Validität
- Feldexperiment: offene Räumlichkeit; Zufallsabhängig; Proband erkennt Experimententeilnahme nicht; Untersuchung natürlichen Verhaltens
  → Nachteil: unvorhersehbare Variablen können eintreten; Schmälerung des kausaltheoretischen Anspruch, Probanden unwissend; Ablauf ungewiss/unpräzise =

nicht wissenschaftlich
→ Vorteil: hohes Maß an externer Validität; Realitätsnah
→ Ziel: Studium natürlicher Reaktionen

Fallstudie

Ziel: Erforschung isolierter Sachverhalte/Gruppen (Fall = n)
Durchführung:
- Theorie – testend
  → Fallstudie als Kontrolle einer Theorie
  → Bsp. „Arbeiter wählen Partei A" = Betrachtung aller Wahlergebnisse von Arbeitern
- Theorie – generierend
  → Falsifikation einer Theorie ermöglich neue Theorie
- Verbindung aus beiden
Besonderheiten:
- ein Fall, viele Variable
- nur teilweise der komparativen Methode zuzuordnen
- Fallstudien stellen Hypothesen auf
  → Theorie bestätigende und schwächende Fallstudie
  → mögliche Theorienerweiterung durch Studien abweichender Fälle

Statistische Methode: Wahrscheinlichkeitslehre (-methode, -theorie)

Ziel: Darstellung soz./pol./psychol. Massenerscheinungen; Datenanalyse
Durchführung: Umfragen, Fragebögen, Abstimmungen
                         (online/telefonisch/persönlich), Wahlergebnisse
- Deskriptiv: Analyse konkret vorliegender Datensätze (deskriptiv = Beschreibung durch
  Tabellen, Zahlen, Ausprägungen)
  → Aufspürung von (kausalen) Zusammenhängen; Hypothesengenerierung
- Induktive Statistik : Schluss von Stichprobe auf Gesamtheit
  → potentiell fehlerhaft; Rückschlüsse sind unpräzise; nicht wissenschaftlich
Fazit: Statistik ist eine Hilfswissenschaft, nur so „gut", wie die dahinter
                         befindliche Theorie; Statistik ist stark reaktionär, dient der Auswertung
                         mehr als dem „Vergleichen"

Was unterscheidet den Vergleich von anderen empirischen – analytischen Methoden der
Politikwissenschaft?
- Gegenüberstellung mit anderen Methoden

Inwiefern stellt der Vergleich eine eigenständige Methode dar? Welche Kriterien muss ein
politikwissenschaftlicher Vergleich erfüllen? Welche Ziele sollen mit ihm erreicht werden?
- Siehe „Warum vergleichen" + Erfüllen der Kriterien der Wissenschaft aus VL 1

7. Internationale Beziehungen: Klassischer Realismus und Neorealismus

First/Second/Third – Image in der IB

Generelle Frage „Was erklärt das Außenverhalten eines Staates?"
- 1.st Image: Individuum
  Politische Entscheidungen werden von der Natur des Menschen beeinflusst (Triebe, Emotionen)
  → „great men make history" = Rückschluss auf einen einzelnen Akteur; Entscheidungsträger
- 2.st Image: Innenpolitik/Gesellschaft wirkt nach außen
  innenpolitisches System, Form und Struktur, innenstaatliche Präferenzen und Willensbildungsprozesse beeinflussen IB – Handlungen
- 3.st Image: Internationales System
  Struktur und Form internationaler Systeme und deren Zwänge

Machtgleichgewicht („balance of power")

- Definition: Verschiedene Parteien (Staaten) besitzen genügend Macht um als unabhängige, gleichberechtigte Akteure zu fungieren
- Ziel: Offensive Staaten sollen eine dauerhafte Vorrangstellung (= Machtvorsprung, bspw. durch Technik) nicht halten können   Zusammenschluss anderer Staaten als Machtausgleich

Sicherheitsdilemma

Voraussetzungen:
- Mind. 2 nebeneinander existierende Staaten (bspw. A + B)
- Keine übergeordnete 3. Instanz

Verlauf:
- Verdächtigungen/Furcht (beides unbegründet) oder nationale Unruhen führen zur Aufrüstung eines Staats (hier A)
- Unsicherheitsgefühl auf internationaler Ebene, Staat B rüstet auf
- Kontraproduktives Aufrüsten beider Staaten um Sicherheit und Macht zu gewährleisten

(Mögliches) Ende:
- Krieg

Polarität (bipolar – multipolar – unipolar)
- Definition: Hervorhebung der Unterschiede zwischen Parteien (= hier Staaten) ermöglichen differenzierte Standpunkte
- Unipolar : siehe Ansätze
- Bipolar: 2 Parteien haben sich hervor
- Multipolar: Viele Parteien – Viele Kostellationen – nah an Anarchie
- Ansatz von G. Modelski
    - Unipolar: - Staat A besitzt min. 50% der messbaren Macht im int. System
    - Bipolar : - Je 2 Staaten besitzen mind. 25% der messbaren Macht
    - Multipolar: - 3 – 7 Staaten besitzen je mind. 5%, aber nie mehr als 25% der Macht
    → Kritik: Arbiträre (willkürliche) Einteilung, Einschränkung bei multipolarem System bei max. 7 Staaten
- Ansatz R. Schüttes
    - Unipolar: - Staat A ist erst in Vorrangstellung, wenn die Staaten auf Platz 2 + 3 zusammen nicht mehr Macht auf sich vereinigen können
    - Bipolar: - Staat A und B sind dann bipolar, wenn die Staaten auf Platz 3 + 4 zusammen nicht mehr Macht als A/B auf sich vereinigen können
    - Unipolar: - jegliche andere Machtkonstellation
    → Vorteile zu G. Modelski:
    I.) eindeutige Grenzen zwischen den Polaritätszuständen…
    II.) …die logisch aufeinanderaufbauen…
    III.)…und abschließbar sind
- Input: Machtmessung: Anhand bspw. der Rüstungsausgaben (zur Zeit wäre USA mit 47% fast unipolar)

Capabilities

Siehe Balancing – 3 neorealistische Kernannahmen Pkt. III

Funktionale Gleichartigkeit

Balancing (K. Waltz)

Voraussetzungen:
- Akteure (Einheiten = „units) und separate Struktur des Systems („structure") agieren im int. System
- 3 neorealistische Kernannahmen:
    I.) primäres Ziel: Überleben (bspw. Streben nach Erhalt der staatlichen und geographischen Integrität); nähere Interessen sind ungewiss und obliegen nur der Einheit selbst (= befinden sich in einer „black box")
    → Hilf – dir – selbst Prinzip

II.) Zielumsetzung der zentralen Präferenzen ist rational, d.h. Berücksichtigung der „Zweck – Mittel – Rationalität"
→ trotz dieser „einfachen" Berechnung möglicher Handlungen der „Units" sind Aggressivität und Expansionsdrang anderer Staaten immer möglich
III.) Fülle der Machtmittel („Capabilities"), also die Macht die zur Verfügung steht
→ mögliche „Recheneinheiten" wären u.a. Rüstungsausgaben, Technologie oder verfügbare Reservisten, aber auch ökon. oder soz. Faktoren fließen hier ein
→ wie genau gemessen wird ist nicht näher erläutert

Übertragung auf „Balancing": (Ausgleich)

- Existieren Machtungleichgewichte innerhalb eines int. Systems, werden diese ausgeglichen (z.b. Allianzen gegen Hegemonialstaaten, ökon. Vorrang militärisch ausgleichen – auch umgekehrt mögl.)
  → Balancing ist der Prozess der zum „balance of power" führt; Kompensation von Machtungleichgewichten – da eigene Sicherheit solange nicht gewährleistet ist

Bandwagoning

- zum eigenen Schutz schließen sich Staaten an ihnen übergeordnete, „machtvollere" Staaten an (auch „Mitläufer – Effekt" genannt)
- tritt vor allem im Kalten Krieg auf
  → Begründer ist Kenneth Walz

Relatives/absolutes Machtstreben

Relatives Machtstreben

Im Realismus und Neorealismus auffindbar; hypothetische Chance der Machterweiterung
→ bei Walzt und Morgenthau besitzen alle Staaten relatives Machtstreben – in unterschiedlicher Ausprägung

- Low: der Staat ist im hohen Machtbesitz und hat keine weitere Ansprüche auf Macht
- Middle: der Staat ist ökon. oder wirtschaftl. angreifbar – ein Aufrüsten oder Absichern der Ressourcen bspw. wäre die Folge
- High: zwar ist der Machtgehalt hoch – doch ist er stark angreifbar (bspw. bevorstehende Gegenallianzen) lassen bereits jetzt Machtverlust zu

Absolutes Machtstreben

Dem Realismus zuzuordnen
→ unabhängig der Möglichkeiten agieren alle Parteien nach Maximierung der Macht – auf allen Ebenen und ohne Hilfe anderer Staaten

Prinzipien des klassischen Realismus

I.) <u>Interesse (Macht)</u>
- „die" Komponente des Realismus, soll universelle Validität erzeugen
- Keine Eingrenzungen von Raum/Zeit
- Staaten „interessieren" sich für Ressourcen, Gebiete aber auch Ordnungen mit eigener Vorrangstellung um Macht zu erzeugen (um Interesse zu wahren)

II.) <u>Macht und Interesse als politisches Prinzip</u>
- statt reiner Vernunft (Vgl. Idealismus) steht Macht als Bindeglied von Vernunft und Tatsache dar
- Tatsachenbetrachtung, realistische Gegebenheiten durch Macht analysieren

III.) <u>Objektive, soziale Gesetze in der Politik</u>
- Bestimmen das politische Verhalten und die Gesellschaft
- Ausgehend von der Natur des Menschen
- Um Gesellschaft zu verbessern, müssen Gesetze verstanden werden, denen die Gesellschaft folgt/zugrunde liegt
  → Politischer Erfolg

IV.) <u>Nicht anwendbarer, universeller Moralbegriff</u>
- Staatsmänner (1st Image) können nicht auf Treue, Vertrauen etc. zurückgreifen, sondern nur politisches Handeln beurteilen
  → diese „Taten" zeigen reales Verhalten
- Moral ist zwar möglich, doch immer erst unter Betrachtung einer(realistischen) Handlung

V.) <u>Differenz von nationaler und internationaler Moral</u>
- Staaten besitzen z.B. nationale Religionsmoral, eine Übertragung auf die IB ist nicht möglich, da andere Staaten einen differenzierten Moralbegriff in der Kategorie „Religion" besitzen
- Handelt ein Staat moralisch ambitioniert, müssen die dahinterstehenden Interessen (die definitiv bestehen) analysiert werden

VI.) <u>Politik und Ökonomie</u>
- Gleichsetzung von Wirtschaftsinteressen und Machtinteressen sollen mehr „Realität" erzeugen
  → Ermöglichung besserer Beurteilung von politischen Aktionen (Vgl. Ökonomen untersuchen Wirtschaft = Staaten „untersuchen" IB um „Gewinn" zu erzielen

<u>Hans Morgenthau</u>
- Politics among Nations (Macht und Friede) als Standartwerk des klassischen Realismus
- Gegenschrift des Idealismus – ab 1940 verbreitet
- Biographische Einflüsse H.M. prägen Realismus (Kriegsflüchtling, Jude)
- Machttrieb ermöglicht mehr Macht
- Multipolares System möglich, bei potentieller Vormachtstellung eines Staates verbünden sich mehrere Staaten

<u>Kenneth Walz</u>

- Theory of international politics als Standartwerk
- Ausgangspunkt: Kalter Krieg – amerikanische Krise – 1960er
- Machkonkurrenz ergibt sich aus der Struktur des int. Systems
  → fehlen der 3. Instanz ermöglicht Anarchie (wie Realismus), aber nicht der
  Machttrieb sondern der Sicherheitstrieb steht hier im Fokus = höherer Stellenwert
  des Sicherheitsdilemmas
  → Benutzen des Mittels „Macht" um Sicherheit zu gewährleisten = Herabstufung des
  „Machttriebs"
- Bipolares Systems sicherer (nur 2 Konfliktparteien)
  → aber: „Freunde von heute sind Feinde von morgen" – lässt die Bedrohung nach,
  ermöglichen sich mehr potentielle Konfliktparteien

Wodurch ist das internationale System nach K.Waltz charakterisiert? Nennen Sie die drei
Images der IB – Theorie. Auf welcher Ebene bewegt sich die Waltzsche Theorie?

3 Elemente des int. Systems als Grundlage

I.) Ordnungsprinzip
- beschreibt wonach die Einheiten eines int. Systems geordnet sind, entweder
  hierarchisch
    - Vorhandensein einer 3ten Instanz mit
      Sanktionsgewalt/Gewaltenmonopol, die den Schutz einzelner
      Einheiten garantiert
  oder anarchisch
    - Abwesenheit einer solchen Instanz, jeder Akteur ist also auf sich allein
      gestellt
  → Neorealisten sind für der „anarchischen" Vorstellung zuzuordnen
II.) „character of units" funktionale Differenzierung der Einheiten
- liegt vor wenn einzelnen Staaten eine „Arbeitsteilung" erfüllen, also erst im
  Zusammenschluss funktionieren
  → aufgrund der Anarchie ist dies im Neorealismus nicht möglich = Selbsthilfesystem
III.) Machtrelation einzelner Staaten zueinander („distrubution of capabilities")
  unipolar – bipolar – multipolar

Int. Politik nach Waltz:

I.) Überleben ist durch Maximierung der Sicherheit möglich
II.) Machtungleichgewichte müssen kompensiert werden – um eigene Sicherheit zu
ermöglichen
III.) Bipolares System am sichersten

+ Punkt 1.) Ebendifferenzierung

Ebene: 3st. Image – alles innerhalb der Staaten ist eine „black box"

Was unterscheidet den Neorealismus vom klassischen Realismus? Wie ist die Entwicklung des Neo–Realismus in Abgrenzung zum klassischen Realismus zu erklären?

Verschiebung der Komponente Macht (Realismus)zu Sicherheit (Neo)
Zwar ist auch das neorealistische Weltbild pessimistisch, doch Morgenthau bewegte sich in den Ebenen 1 und 2 – Waltz auf der dritten Ebene (+ black box)
Morgenthau wurde wegen seiner Biographie kritisiert eine sehr pessimistische Weltanschauung zu besitzen – eine Schwächung seiner Thesen war die Folge

	Realismus	Neorealismus
Historische Rahmenbedingungen	II. WWK	Ost – West –Konflikt
Fokus der Analyse	Wesen des Menschen	Int. System
Zentrale Akteure	Staaten und Staatsmänner	Staaten (units)
Zentrale Kategorien	Macht und Machtinteresse	System und Struktur; Anarchie und Selbsthilfe
Zentrales Problem der IB	Machtrivalität; zügellose Macht	Anarchie
Lösung	Interessensicherung durch vernünftige Diplomatie (balance of power)	Balance of Power

8. Internationale Beziehungen: Konstruktivismus

Allgemein

- Das Ende des Kalten Krieges konnten die damaligen Theorien nicht erklären → K. schaffte das und erklärte warum sich die Struktur wandelte
- Die Realität, in der wir leben, ist sozial konstruiert (gesellschaftlichen Konstruktion der Wirklichkeit); es gibt keine objektive Realität jenseits der Wahrnehmung
- K. thematisiert die Grenze zwischen Natur und Sozialem und behauptet, dass der Mensch vieles als natürlich bezeichnet, was er selbst eigentlich hergestellt (sozial konstruiert), also als soziale Fakten produziert hat
- Alexander Wendt (geb. 1958) ist der wichtigste Vertreter des K.; „Anarchy is what states make of it" ist sein Aufsatz von 1992
- K. ist ein metatheoretischer Ansatz in den Internationalen Beziehungen

Gegenüberstellung Realismus und Konstruktivismus (zuerst Realismus dann K. gegenübergestellt mit ↔)

- Nach dem rational-choice Prinzip sind Identitäten exogen gegeben; Institutionen ändern also nur ihr Verhalten, NICHT ihre Identitäten und Interessen; der Staat handelt laut Neorealismus egoistisch
  ↔ K. sieht Identitäten und Interessen aber endogen gebildet und sie sind abhängig von Interaktionen

- Wegen der Anarchie im Staatensystem ist das staatliche Streben nach Macht Grundlage für die Formulierung von Interessen im Realismus
  ↔ K. geht davon aus, das erst wenn Staaten sich begegnen und kommunizieren, die Staaten etwas über ihrer eigene Identität erfahren und ein Verständnis von sich selbst und den Erwartungshaltungen an sich bekommen. Die Interessen bilden sich dann aus der Identität. Interessenbildung ist also ein Prozess sozialer Definition der Akteure → Identitäten bestimmen die Interessen von Akteuren, wandeln sich diese, dann verändert das u.U. auch die Sicht auf bestimmte Dinge, was dazu führt, dass Interessen neu definiert werden.

- Entscheidender Faktor im Realismus ist die Struktur; aufgrund von struktureller Anarchie befinden wir uns in einem machtpolitischen „Selbsthilfesystem"
  ↔ entscheidender Faktor im K. ist der Prozess; laut Wendt befinden wir uns nur aufgrund von Prozessen in einem „Selbsthilfesystem"; dieses ist sozial konstruiert, es ist Institution, nicht aber Merkmal oder Eigenschaft der Anarchie; Selbsthilfe ist nur eine mögliche Institution, die sich in der Anarchie herausbilden kann, aber nicht muss! → Anarchy is what states make of it

Anarchy is what states make of it

- Alexander Wendts Aufsatz von 1992
- Anarchie = Ordnung ohne Herrschaft
- Staat selbst konstruiert die Anarchie; was sie genau ist und bedeutet, hängt davon ab, was der Staat daraus macht
- Wendt erkennt den anarchischen Zustand der internationalen Politik an → Soziale Fakten
- Aber: Dieser Zustand ist veränderbar
- → innerhalb der Anarchie können verschiedene Sicherheitssysteme wirksam sein; es kommt immer noch zu Auseinandersetzungen aber nicht zur Gewalt
- „Anarchy itself is an empty vessel without intrinsict meaning. (...) Anarchy is nothing and nothings cannot be structures."
- Der Realismus geht von einem anarchischen Naturzustand aus, das in einem Sicherheitsdilemma endet
  ↔ Wendt aber argumentiert, dass die Staaten im K. im Naturzustand gar keine Auffassung von sich selbst und anderen Staaten besitzen (da Identitäten erst durch Interaktionen sozial konstruiert werden) und es nicht zwangsläufig ein Sicherheitsdilemma gibt

→ Wendt: das Handeln von Staaten wird nicht nur von „Strukturen", sondern auch von „Prozessen" (interagieren und lernen) beeinflusst. In Lern- und Interaktionsprozessen sind Staaten also fähig nicht nur ihr Verhalten, sondern auch ihre Identitäten und Interessen zu verändern. Somit sind Staaten fähig miteinander zu kooperieren, genauso wie sie fähig sind, egoistisch zu handeln. Wendt versuchte die Interessen und Identitäten der Akteure (also der Staaten) endogen (von innen heraus entwickelt) in seinem Modell des strukturellen Konstruktivismus zu erklären.

Kulturen der Anarchie

Für Wendt ist Selbsthilfe nur eine mögliche Institution, die sich herausbilden kann, aber nicht muss. Die Struktur kann verschiedene Ausprägungen haben, deshalb kann das internationale System unterschiedlich gestaltet sein.
Wendt geht von drei verschiedenen Strukturen aus, je nachdem von welchem Rollenverständnis Akteure geleitet sind (Gewalt ist entscheidendes Kriterium)

- Hobbes'sche Anarchie
  Zusammenleben der Nationen geprägt durch Feindschaft („Krieg aller gegen alle")
- Locke'sche Anarchie
  Rivalität prägt die Welt; es kann zu Ausbrüchen von Gewalt kommen, die Sicherheit ist jedoch nicht konstant bedroht.
- Kantianische Anarchie
  Freundschaft; 3 Ebenen:
  1. Erzwungene Freundschaft, 2. Freundschaft aus Eigennutz, 3. Gegenseitige Identifikation

→ welche Art von Struktur realisiert wird, hängt davon ab:
1. Wie sehr sind die in der Struktur enthaltenen Normen verinnerlicht
2. Wie hoch ist das Maß an Kooperation (hängt von Gemeinsamkeiten ab)

Normen/Werte/Identitäten

- Ideen (= Wissen über die Wirklichkeit) schließen nicht nur harte Daten, sondern auch Normen und Vorstellungen über die Identität eines Akteurs im Verhältnis zu anderen Akteuren mit ein
- Ideen und Normen wirken nicht nur regulativ, sondern auch <u>konstitutiv</u>, indem sie die Identitäten und Interessen von Akteuren prägen und erst „erstellen"
- Menschen verhalten sich anderen gegenüber so, je nachdem welche Bedeutung diese für sie haben → Identitäten bestehen also nur in der Gesellschaft, also in einer sozial konstruierten Welt
- Identitäten sind die Basis für Interessen. Unabhängig vom sozialen Kontext haben Akteure keine Interessen! Sie definieren ihre Interessen erst in einem Prozess

Homo sociologicus (zusammengefasst aus Wikipedia)

- lat. = soziologischer Mensch
- Akteurskonzept (von Ralf Dahrendorf) der Soziologie
  → HS bezeichnet einen Menschen, der in seinem alltäglichen Leben verschiedene soziale Rollen hat, mit welchen verschiedene Normen, Werte und damit gesellschaftliche Erwartungen verbunden sind, denen er sich beugen muss
- Es wird zwischen Muss-, Soll- und Kann- (etwas tun) Erwartungen unterschieden
  → Akteur handelt nach Logik der Angemessenheit
- Erwartungen, Normen und Werte gehen aber nur von einem kleinen Teil der Gesellschaft aus, die für den jeweiligen Mensch von Relevanz sind.
  → Jeder Mensch ist dadurch einer individuellen Mischung von Normen und Erwartungen unterworfen, die sein Handeln bestimmen (Akteure treffen Entscheidungen norm- und regelgeleitet)
- Die Theorie des HS muss sich oft den Vorwurf gefallen lassen, dem Menschen den freien Willen abzusprechen
- (nur zum Vergleich) homo oeconomicus: bezeichnet einen Akteur, der eigeninteressiert und rational handelt, seinen eigenen Nutzen maximiert, auf veränderliche Restriktionen reagiert, feststehende Präferenzen hat und über (vollständige) Information verfügt

Sozialisation (aus Wikipedia zusammengefasst)

Die Sozialisation (lat. sociare ‚<u>verbinden</u>') ist die Anpassung an gesellschaftliche Denk- und Gefühlsmuster durch Internalisation (Verinnerlichung) von sozialen Normen.
Sozialisation bezeichnet zum einen die Entwicklung der Persönlichkeit aufgrund ihrer Interaktion mit einer materiellen und sozialen Umwelt, zum anderen die sozialen Bindungen von Individuen, die durch soziale Handlungen entstehen.
(Dazu gehören die absichtsvollen und planvollen Maßnahmen (Erziehung), als auch die unabsichtlichen Einwirkungen auf die Persönlichkeit. Außerdem gehören Schulen, Ausbildungen wie auch Sportaktivitäten dazu.)
Sozialisationsprozesse bewirken demnach, dass im sozialen Zusammenleben Gemeinschaften und soziale Identität entstehen, auf die sich Individuen in ihrem sozialen

Handeln beziehen. Daraus ergibt sich auch die Tendenz von Individuen, sich <u>entsprechend den jeweils geltenden Normen, Werten und Werturteilen der Gesellschaft zu verhalten</u>.

Metatheorie

ist die Bezeichnung für eine Theorie, deren Forschungsgegenstand eine andere Theorie oder eine Menge anderer Theorien ist. (Metatheorie ist also eine Theorie/Theorien)

9. Europäische Union: Der Multilevel-Governance-Ansatz

Institutionen der EU

<u>Supranationale Organe</u> (überstaatliche Organisationen)

- <u>Europäische Kommission</u> → Executive
  Mitglieder: 1 Präsident, 27 Kommissare aus den einzelnen EU-Mitgliedsstaaten
  Aufgaben: Verwaltung der Finanzhilfe der EU und Haushaltplan, Verwirklichung des
  EU-Rechts, Repräsentation der EU, versucht Interessen aller zu vertreten
- <u>Europäisches Parlament</u> → Legislative
  Mitglieder: von der EU-Bürgern direkt gewählte Abgeordnete für 5 Jahre
  Aufgaben: Kontrolle der EU-Institutionen, Verabschiedung und Bearbeitung von EU-
  Rechtsvorschriften und EU-Haushalt
- <u>Europäischer Gerichtshof</u> → Judikative
  Mitglieder: 1 Richter pro Mitgliedsstaat, 1 Präsident, 8 Generalanwälte
  Aufgaben: Vertragsverletzungsklagen, Vorabentscheidungsersuche, Klagen

<u>Intergouvernementale Organe</u> (Regierungszusammenarbeit zwischen Staaten)

- <u>Europäischer Rat</u>
  Mitglieder: Staats- und Regierungschefs der Mitgliedstaaten
  Aufgaben: gibt die für ihre Entwicklung erforderlichen Impulse und legt die
  allgemeinen politischen Zielvorstellungen und Prioritäten für die EU fest
- <u>Rat der EU („Ministerrat")</u>
  Mitglieder: Minister der EU-Mitgliedsstaaten
  Aufgabe: internationale politische Zusammenarbeit, Verabschiedung von
  Rechtsordnungen

<u>Supranationalismus</u>
- kann auch dann verbindliche Beschlüsse fassen, wenn nicht alle Mitglieder
  zustimmen
- Integrationsprozess entwickelt Eigendynamik, die sich von den Staaten nicht
  kontrollieren lässt

<u>Intergouvernementalismus</u>
- Prinzip der Regierungszusammenarbeit zwischen rational kalkulierenden
  Mitgliedstaaten innerhalb einer internationalen Organisation
- Regierungen sind zentrale Akteure: Staaten schaffen Institutionen, um
  Kooperationsprobleme zu lösen
- Die europäische Integration führt nicht zu einer Schwächung, sondern zu einer
  Stärkung der Nationalstaaten und ihrer Regierungen
- Integrationsprozess bleibt unter der Kontrolle der Staaten
- 2 Schulen – <u>Realistischer I.</u>: Autonomie und Sicherheit – <u>Liberaler I.</u>: ökonomische
  Interessen

- Beispiel EU: Mitgliedsstaaten behalten ihre Hoheitsrechte (Staat hat Vetorecht) aber Entscheidungen können nur durch die zwischenstaatliche Regierungszusammenarbeit der Mitgliedsländer verwirklicht werden d.h. alle Maßnahmen und Abkommen basieren auf völkerrechtlichen Verträgen (Intergouvernementalismus ABER Staaten behalten Souveränität)
- Problem mit Erklärung der Ausbreitung und Vertiefung. Die Theorie kann nur den politischen Integrationsprozess erklären.

<u>Liberaler Intergouvernementalismus</u> (Andrew Moravcisk)
- Weiterentwicklung des klassischen Intergouvernementalismus.
- Staaten sind auf internationaler Ebene einheitliche Akteure, auf nationaler Ebene von sektoralen Interessen abhängig.
- Das „nationale Interesse" ist ökonomisch definiert und je nach Sektor verschieden.
- Die Verhandlungsmacht des Staates resultiert aus sektorspezifischen Machtressourcen
- Zwei-Ebenen-Modell der EU
  1. Ebene: <u>Nationale Präferenzbildung</u> - innerstaatliche soziale Akteure (Parteien, Gewerkschaften, Interessenvertreter) diskutieren über politische Ausrichtung der nationalen Positionen und außenpolitische Ziele
  2. Ebene: <u>Zwischenstaatliche Verhandlungen</u> - v.a. ökonomische Interessen der nationalen Regierungen werden auf europäischer Ebene vorgestellt (Nationalstaaten versuchen rational agierend, die in der ersten Stufe entwickelten Präferenzen durchzusetzen)
- Problem mit Erklärung der Rechtsintegration und der Erweiterung. Die Theorie kann nur den ökonomischen Integrationsprozess erklären

<u>Akteurszentrierte Ansätze</u>
Der rationale Eigennutzmaximierer als Menschenbild (home oeconomicus):
Akteure schauen nur auf sich selbst und die Konsequenzen ihres eigenen Handelns und wählen immer die beste Handlungsalternative. Es wird die Alternative gewählt, die mit hoher Wahrscheinlichkeit und relativ geringen Kosten einen relativ hohen Nutzen bringt. (Rational Choice Verfahren)

Multilevel-Governance-Ansatz

- Hauptmerkmal ist eine Mehrebenenverflechtung der politischen Strukturen durch supranationale aber auch intergouvernementale Entscheidungsebenen mit der Einbeziehung einer großen Anzahl von nationalen aber auch subnationalen Akteuren.
  → Entscheidungsmacht nicht allein bei Mitgliedsstaaten
- Durch supranationale Entscheidungsebenen werden die Souveränitäten der Mitgliedsstaaten in der EU zentral gepoolt, so dass Kompetenzen der Mitgliedsstaaten dauerhaft abgegeben werden.
  → Nationale Regierung nicht mehr prinzipiell ergebnisbestimmend, sondern Kontrollverlust der Regierung über Dynamik der europäischen Integration
- Durch diese Entscheidungen supranationaler Art auf der übergeordneten Ebene kommt es zu einem sogenannten <u>Nullsummen-Spiel</u>. Das heißt, dass es immer Verlierer (−1) und Gewinner (+1) gibt, die Entscheidung als Ganzes allerdings – um in

einer Mehrheitsabstimmung akzeptiert zu werden – mindestens eine Nullsumme ergeben muss.
- es gibt Verflechtung der Ebenen und Akteure, da Kompetenzen nicht klar abgegrenzt sondern verteilt sind auf verschiedene Ebenen und Akteure

Phasen des Policy-Making (beim MLG-Ansatz)

- Policy initiation: Gestaltung und Planung der zu behandelnden politischen Probleme ("agenda setting"); EU-Kommission funktioniert hier als Normsetzungsorgan (zu treffende Entscheidungen sind z.B. Welche Probleme sind überhaupt politisch relevant?)
- Decision-making: Festsetzung und Verabschiedung von Verordnungen durch Ministerrat; Luxemburger Kompromiss: Beschluss nur mit qualifizierter Mehrheit möglich, so dass sehr wichtige Interessen eines Staates nicht einfach überstimmt werden können
- Implementation: Umsetzung und Ausführung; Kontakt zu regionalen Akteuren mit geteilten Machtverhältnissen
- Adjudication (Schiedsspruch): durch Europäischen Gerichtshof; Entstehung einer Verfassung der Europäischen Gemeinschaft (supranationale Rechtsordnung)

Konstruktivismus (nur zur Vollständigkeit – weiteres Beispiel für Integrationstheorie)

- Integration erfordert gemeinsame Normen, Ideen und Identitäten und institutionalisiert diese
- Je stärker Normen und Ideen geteilt werden, desto weiter kann Integration gehen
- Mit zunehmenden Integrationsfortschritten wird Integration relevanter für einzelne Bürger, wird identitätsrelevant (Nationale Identitäten können Grenzen der Integration definieren)

3. Gegenüberstellung LI und MLG

	Liberaler Intergouvernementalismus (Moravcsik)	Multi-level-Governance Ansatz (Marks, Hooghe, Blank)
Hauptakteure auf EU-Ebene	Nationalstaaten in Form ihrer Regierungen (v.a. „mächtigen Drei") kontrollieren und profitieren vom Integrationsprozess	Staaten sind vielschichtige Akteure mit einer Kompetenzverteilung nach oben und unten und in Konkurrenz zu anderen Akteuren
Folgen der Integration	• Integration stärkt den Nationalstaat	• Integration diversifiziert Kompetenzen und führt zu Machteinbuße von Nationalstaaten
Charakterisierung der EU	• EU als erfolgreiche intergouvernementale Verhandlungsebene • EU-Entscheidungen gemäß kleinstem gemeinsamen Nenner	• EU als eigenständiges politisches System • Entscheidungen ein Nullsummenspiel mit Gewinnern und Verlierern
Wesentliche Kritikpunkte	• Integrationsprozess außer Acht gelassen • Vereinfachung der empirischen Komplexität der EU-Ebene	• Fokus auf alltägliche Abläufe und Umsetzung • Nur deskriptiv; keine ausgereifte Theorie

Demokratiedefizit der EU

- Einschätzung, dass die Europäische Union in ihrem politischen Wirken nicht ausreichend demokratisch legitimiert sei.
- Zum einen Fehlen eines europäischen Staatsvolks → „strukturelles Demokratiedefizit"; zum andere Mängel des politischen Systems der EU →„institutionelles Demokratiedefizit"
- zunehmenden Verschiebung der Gewichte innerhalb des EU-Institutionengefüges Beispiel: veränderte Rolle des Europäischen Parlaments, das von einer nicht direkt gewählten, lediglich beratenden Institution stufenweise zu einem mit dem Ministerrat in nahezu allen Bereichen gleichberechtigten Gesetzgebungsorgan geworden ist.
- Das für Unionsbürger kaum überschaubare EU-Vertragsgeflecht wirkt intransparent; die Vielzahl an Regelungen und Normvorschriften auch sehr spezieller Art, die von den EU-Organen für den Binnenmarkt erlassen werden, ruft Kritik an der „Brüsseler Bürokratie" hervor und nährt auf einzelstaatlicher und regionaler Ebene Vorbehalte und Widerstände gegen eine „Eurokratie"
- Lösung: Vertrag von Lissabon stärkt Kompetenzen der EU und auch die demokratischen Elemente innerhalb der EU schrittweise. Mit der europäischen Bürgerinitiative führte der Lissabon-Vertrag erstmals ein Instrument direkter Demokratie in die Europäische Union ein (Partizipationsmöglichkeiten der Unionsbürger)

10. Das politische System Deutschlands: Deutsche Außenpolitik

Allgemein

- Subdisziplin der internationalen Beziehungen
- nach 1989 „erhebliche Such- und Findungsprozesse" in der Außenpolitikforschung („neue Generation")
- Ausdifferenzierung und Verknüpfung bestehender Ansätze
- Theorienpluralismus innerhalb dominanter Denkmuster (Konstruktivismus, Realismus, Liberalismus etc.)

Entwicklung der Außenpolitik

Bis 1990
- Besatzungsmächte bestimmen Außenpolitik in Deutschland (bis 1955)
- Deutsche Außenpolitik geprägt von Konflikt des „Kalten Krieges"
- Deutschland: „Zivilmacht" und „Handelsmacht" (Bsp. Westintegration, „Neue Ostpolitik")
- Außenpolitikforschung: Anfänge in amerikanischen Sozialwissenschaften

1989/1999: Ende des Ost-West Konfliktes
- Entlastung für Außenpolitik aller beteiligten Staaten = neue Zielsetzungen und Wirkungskreise (EU- Einfluss verstärkt)
- Außenpolitikforschung: „interpretative Wende": Veränderungen der Akteurspräferenzen als Ursprung systematischen Wandels
- Ausdifferenzierung bestehender Theoriefamilien
- Entwicklung post-rationalistischer Ansätze und post-positivistischer Außenpolitikanalysen

Nach 1990 (in Deutschland)
- Weiterführung der Handelsstaat-/ Zivilmachtpolitik
- Außenpolitik geprägt durch Kontinuität und Diskontinuität (z.B. Bundeswehreinsätze)
- keine Rückkehr zur „kriegstreiberischen Machtpolitik"
- riskante Sicherheitspolitik (durch starke Einbettung in internationale Strukturen)

Postklassischer Realismus

- Realismus Waltz'scher Prägung (Staat = Akteur; Sicherheit) dient als Instrument zur AP-Forschung
- Untersuchung der Studien von Snyder (Wann neigen Staaten zur hegemonialen Expansion), Wolforth (Wahrnehmung der Macht erklärt AP) und Rittberger (Unterscheidung zwischen Autonomiestreben und Einflussmaximierung), da die Auseinandersetzung zwischen „defensiven" (Streben nach Hegemonie zu riskant) und

„offensiven" (Staat nur dann sicher, wenn er das internat. Staatensystem dominiert) Realisten repräsentiert wird.
- Kritik: „Degeneration des Realismus": Grundannahmen werden bis zur Unkenntlichkeit verwässert

Moravcsiks liberale Theorie

- zentrale Akteure: Individuen bzw. gesellschaftliche Gruppen (rational, risikoavers)
- nationale Präferenzordnungen werden erstellt, die die AP bestimmen
- Unterscheidung in
    - Ideellen (Staatsverhalten abhängig von der Kompatibilität/ Inkompatibilität sozialer Werte, Normen, Identitäten im Hinblick auf öffentliche Güter),
    - kommerziellen (Staatsverhalten abhängig von Gewinnen/ Verlusten sozialer Akteure durch transnationale Wirtschaftskontakte) und
    - republikanischen (Staatsverhalten abhängig von Partizipation an politischen Entscheidungsprozessen) Liberalismus

Zwei-Ebenen-Politik nach Robert D. Putnam

- zentrale Annahme: Regierungen haben Rolle eines Mediators in Form von Vermittlung zwischen Anforderungen aus dem externen Umfeld und der Innenpolitik
- liberale Kern: Mediator repräsentiert innerstaatliche Interessen und ist an diese zurückgebunden
- Mediatoren können Anforderungen manipulieren, da sie an „zwei Tischen" sitzen (innerstaatlich vs. außenpolitisch)

„democratic efficacy school"

- Demokratien führen keine Kriege gegen andere Demokratien
- „war-fighting hypothesis": effektivere Kriegsführung von Demokratien
- „war-seleciton hypothesis": Demokratien gewinnen Kriege häufiger, die sie selbst initiiert haben

Sozial-Konstruktivismus

Akteure und Strukturen können nicht unabhängig von sozialen Kontexten verstanden werden.
Max Weber: „Interessen bestimmen zwar das Handeln der Menschen unmittelbar, Ideen und Weltbilder geben aber häufig die Bahnen vor, auf denen sich Interessen manifestieren."

Denk- und Weltbildanalysen

= individuelle, problemübergreifende, kognitive Konstrukte
- dienen zur Auswahl und Einordnung von Informationen, die das Handeln des Akteurs beeinflussen
- Akteure streben nach „kongnitiver Konsistenz" (Einstellungen und Verhaltensweisen, die nicht im Widerspruch stehen)

Lerntheoretische Denkbildanalyse

Betrachtung regelmäßiger Einstellungsmuster und deren Veränderung
zentrale Annahme: kollektive Weltbilder verändern sich bei Eintritt eins unerwarteten negativen Ereignisses

Rollenkonzepte

rollen-theoretische Konzepte untersuchen das Verhalten von Staaten als „ geplante und von Repräsentanten realisierte Einstellungs- und Verhaltensmuster" (Gaupp 1983)

Idealtypus: „Zivilmacht"

- Def.: „Eine Zivilmacht ist ein Staat, dessen außenpolitisches Rollenkonzept und Rollenverhalten gebunden sind an Zielsetzungen, Werte, Prinzipien sowie Formen der Einflussnahme und Instrumente der Machtausübung, die einer Zivilisierung der internationalen Beziehungen dienen."
- Rollenkonzept der BRD nach 1990 ähnelt einer idealtypischen Zivilmacht; weitgehend wandlungsresistent

Grundprinzipien/ Handlungsmaximen u.a.:

- Zähmung/ Sanktionierung von Gewaltanwendung bei Austragung von Konflikten
- Intensivierung und Verrechtlichung transnationaler Kooperationen und einer internationalen Ordnung basierend auf Freiheit, Demokratie und Marktwirtschaft
- Förderung soziale Ausgewogenheit und Gerechtigkeit.

Außenpolitische Identitäten

- Identitätsbildungsprozesse haben auf allen Ebenen Einfluss auf die Außenpolitik
- primär bei der Analyse von nationalen Außenpolitiken und der Entwicklung der EU

Sozial-konstruktivistischer Institutionalismus

- Weiterentwicklung des rationalistischen/ neoliberalen Institutionalismus
- rationaler Institutionalismus:
  Institutionen als Vereinbarungen von Akteuren mit festen Zielsetzungen; versuchen kollektive Handlungsprobleme zu reduzieren
- sozial-konstruktivistischer Institutionalismus:
  Institutionen regulieren nicht nur Akteursverhalten, sondern konstituieren auch Identitäten der Mitglieder
- Institutionalismus als Organisation des außenpolitischen Entscheidungsprozesses:
  für die Lösung außenpolitischer Probleme werden Routineverfahren etabliert, die einen regulierten Ablauf Problembearbeitung vorgeben; Akteure handeln nach „Logik der Angemessenheit" (March/ Olsen 1989)
- sozial-konstruktivistischer Institutionalismus:
  Institutionen konstituieren Identitäten der Mitglieder

Methoden der Außenpolitikanalyse

- quantitative Methode
  Untersuchung der AP mithilfe von statistischen Maßzahlen, hat sich allerdings in Europa nie durchsetzen können, da Anwendung problematisch
- qualitative Methode
  dominieren die Außenpolitikanalyse; sehr breites Spektrum, z.B. Verfahren der Textanalyse (Reden, Äußerungen, Interviews, Parteiprogramme...)
- Kritik
  Einzelfälle können nicht verallgemeinert werden

11. Vergleichende Politikwissenschaft: Der Arabische Frühling

Arabischer Frühling

- Im Dezember 2010 beginnende Serie von Protesten, Aufständen und Revolutionen in der arabischen Welt, beginnend in Tunesien
- Hauptsächlich in der MENA-Region (Middle East and North Africa)
- Ursachen:
    - Unmut über die autoritär herrschenden Regime mit ausgeprägtem Sicherheitsapparat
    - Fehlende Mitbestimmung der Bürger
    - Hohe Arbeitslosigkeit, besonders beim jüngeren Teil der Bevölkerung
    - Wachsende soziale Ungleichheit und Armut
    - Weltweit steigende Nahrungsmittel- und Energiepreise
    - Domino-Effekt
    - Internationales Eingreifen und Unterstützen
- Verlauf und Auswirkungen:
    - Je nach Ausprägung verschiedener Faktoren kam es zum Umsturz und Regimewechsel oder nicht (siehe Grafik)
    - Initiatoren des Widerstands sind am Ende nicht die Profitierenden
    - Auch wenn Umsturz erfolgt ist, stehen die Länder weiterhin vor großen politischen und wirtschaftlichen Schwierigkeiten
    - Bedeutung geht weit über die arabischen Staaten hinaus

	Repression (+) Konzession (-)	Ökonomische Schwäche	Bedeutung der Ölrenten	Defektion des Militärs	Verbreitung neuer Medien	Polity	Umsturz
Ägypten	+	+	-	+	+	-3	+
Algerien	+/-	+	+	-	-	2	-
Libyen	+	+	+	+/-	-	-7	+
Marokko	-	+/-	-	-	+	-6	-
Saudi-Arabien	-	-	+	-	+	-10	-
Syrien	+	-	+/-	+/-	-	-7	+
Tunesien	+	+	-	+	+	-4	+

Grafik: Thomas Wencker

Transformationsforschung

- Transformation = Oberbegriff für alle Formen, Zeitstrukturen und Aspekte des Systemwandels und Systemwechsels
- Übergang einer politischen Ordnung in eine grundsätzlich andere: Bsp.: Diktatur → Demokratie (in dem Fall: „Transition)
- Existenz dreier Demokratisierungswellen:
    - 1. Welle: frz./ amerikanische Revolution 1922 (= autoritäre Gegenwelle: Einmarsch Mussolinis nach Rom)
    - 2. Welle: 1945 Demokratisierung unter Aufsicht alliierter Siegermächte (Deutschland, Österreich, Italien, Japan)
    - 3. Welle: 1974 (Militärputsch in Portugal, Spanien, Griechenland)

Transformationstheorien

Besteht aus 4 Strängen:
- Systemtheorien (Konzentration auf Wirtschaft und Gesellschaft)
- Struktur (Fokus auf Staat und soziale Klassen)
- Kultur (Religion und Kultur, soziale Interaktionsbeziehungen)
- Akteurstheorie (politische Handlungssphäre)

<u>Systemtheorien</u>
- Nach Parson<u>:</u>
    - Entwicklung der traditionellen zur modernen Gesellschaft durch funktionale Differenzierung → Ausdifferenzierung von sozialen Teilsystemen, insbesondere: Wirtschaft (Anpassung); Politik (Zielerreichung); Gemeinschaft (Integration); Kultur (Erhaltung von Wertmustern)
    - Prozess ist normativ und geschichtlich geprägt → universeller Charakter
    - Gesellschaft benötigt „evolutionäre Universalien": (= Bürokratie, Marktorganisation, Wahlen),
    - bei Fehlen der Universalien untergräbt politisches System seine Legitimität → instabil
    - Fazit: Stabilität politischer System durch funktionelle Differenzierung der Gesellschaft und ausreichend Legitimation
      → starke autokratische Herrschaftsform, welche Gesellschaft totalitär durchdringt und starke Behinderung der funktionellen Ausdifferenzierung führt zunächst zur Herrschaftskontrolle, langfristig aber zum fundamentaleren Zusammenbruch des Systems
- Autopoietische Systemtheorie nach Luhmann:
    - Autopoiesie: Fähigkeit sich selbst erhalten/ erneuern zu können
    - Abgrenzung der Teilsysteme Politik, Wirtschaft, Religion und Recht als unterschiedliche Kommunikationscodes

- wenn politische/ religiöse Übergriffe erzwungen →
  Entdifferenzierung, d. h. Verzicht auf Vorteile der funktionellen
  Differenzierung
- Fazit: Je totalitärer politische Regime, desto ineffizienter funktionale
  Differenzierung, desto ineffizienter ökonomische Wohlfahrt →
  Verringerung der Legitimität des autokratischen Systems
  Bsp. DDR: künstliche und gewaltsame Installierung des Staates als
  Spitze der Gesellschaft → Teilsysteme zu eng an Politik gekoppelt →
  Effizienzverlust und Funktionskrisen der Wirtschaft schlugen sich gleich
  auf politisches System aus
- Freiheitsverlust → nicht ausreichende ökonomische Versorgung →
  Minderung der Anpassungsbereitschaft der Bevölkerung an
  kommunistische Herrschaft
- Wird funktionale Differenzierung gesellschaftlicher Teilsysteme
  eingeschränkt → Effizienz- und Legitimationskrisen → Minderung der
  Stabilität des Systems
- Wird Differenzierung von System zugelassen → ebenfalls
  systemdestabilisierende Effekte → Modernisierungstheorie
- Modernisierungstheorie nach Lipset: Rückführung gelungener
  Demokratisierung auf Entstehung einer wohlhabenden Mittelschicht
  → Empirischer Nachweis über Zusammenhang zwischen BIP und
  Demokratisierungsgrad
- Kausalkette: Wirtschaftliche Entwicklung → steigendes Bildungsniveau
  → Entwicklung rationaler und toleranter Einstellungen und Verhalten
  bei Bürgern → Demokratisierung der Mittelschicht → Entstehung von
  zivilen Vereinigungen, die politische Partizipation fordern =
  signifikante Tendenz

Strukturtheorie

- Erfolg / Misserfolg der Demokratisierung = abhängig von Verschiebungen der
  Machtstrukturen innerhalb einer Gesellschaft
- Demokratie ist nur ein mögliches Ergebnis von Veränderungen des Verhältnisses der
  sozialen Klassen der Gesellschaft und Durchsetzung ihrer Interessen
- Treibende gesellschaftliche Kraft = Wirtschaftsbürgertum = unabhängig =
  Voraussetzung für Demokratie
- Erweiterung durch Theorem der Machtdispersion (= Machtverteilung) nach
  Vanhanen: Je breiter Streuung von Machtressourcen in Gesellschaft, desto höher der
  Demokratisierungsgrad
- Machtressourcen so verstreut, dass keine Gruppe eine andere unterdrücken kann und
  somit ihre Hegemonie absichern kann
- Messung der Ressourcenverteilung mit Hilfe „Index of Power Ressources":
  Zusammensetzung von wirtschaftlichen, kognitiven und beruflichen Ressourcen

Kulturtheorie

- Tiefverwurzelte religiöse, kulturelle Traditionen können sich kurzfristigen
  Veränderungen entziehen → Hindernis für Demokratisierung, da Abbau =
  langwieriger Prozess
- Göttlichem Recht wird Vorrangstellung gegenüber weltlichem Recht eingeräumt

Akteurstheorie

- Fokus liegt auf Handlungen, Kognition und Strategien entscheidender Akteure (Mikroebene, alle anderen waren Makroebene)
- Deskriptiv-empirisch:
    - Nachgeben des autoritären Regimes → Einleitung Demokratisierung → Wechsel der Akteure auf Seiten der Opposition (anstatt Massenmobilisierung jetzt Aushandlung und Institutionalisierung demokratischer Verfahren)
    - Transitionsphasen (=Übergangsphasen) bestimmt von verhandlungswilligen Oppositionsführern und reformbereiter Regimeelite
    - Schließung von Pakten, die Demokratisierungsinhalte und -grenzen definieren → Erhöhung der Chancen auf Konsolidierung (=Festigung)
- Rational-Choice-Ansatz:
    - Liberalisierung durch Abfolge wechselnder strategischer Situationen rational handelnder Akteure

Die Transformationsphasen (siehe Grafik unten)

- Intervall zwischen altem und neuem politischen System
- Analytische Betrachtung in Phasen:
    - Erste Abgrenzung: Beginn der <u>Auflösung des alten, autokratischen Systems</u>
    - Phase 1: <u>Ende des autokratischen Regimes</u>:
    Gründe:
    a) systemintern: Ende der Legitimität, kann zusätzlich verstärkt werden durch Tod des Diktators (→ Nichtregelung der Machtnachfolge), Nichtbeachtung der Menschenrechte, Konflikte innerhalb der Elite
    b) systemextern: Dominoeffekt, Wegfall externer Unterstützung, Niederlage gegen demokratische Systeme
    - Phase 2: Institutionalisierung der Demokratie = <u>Demokratisierung</u>
    Etablierung demokratischer Institutionen
    Kennzeichen des Anfangs: Wenn Herrschaftseliten keine politische Kontrolle mehr ausüben und sich demokratische Verfahren (Bsp. Verfassungsorgane) herausbilden
    Kennzeichen vom Ende der Phase: Verabschiedung einer demokratischen Verfassung
    - Phase 3: <u>Konsolidierung der Demokratie</u>:
    Beginn: Etablierung zentraler, politischer Institutionen (= Parlament, Regierung, Staatspräsident, Justiz)
    Akteure richten ihr Verhalten, Entscheidungen nach institutionell abgesicherten Normen aus
    Differenzierung von 4 Analyseebenen der Konsolidierung:
    I: Institutionelle Konsolidierung (Verfassung):
    Am frühsten abgeschlossen, maßgebliche Beeinflussung der folgenden Ebenen

II: Repräsentative Konsolidierung (Parteien, Interessenverbände)
Territoriale und funktionale Interessen
III: Verhaltenskonsolidierung (informelle Akteure: Militär,
Terrorgruppen, Unternehmer)
Folgen Akteure ihren Interessen innerhalb oder außerhalb der
demokratischen Normen/ Institutionen?
IV: Konsolidierung einer Staatsbürgerkultur:
Soziokultureller Unterbau der Demokratie, langwieriger Prozess
- Zweite Abgrenzung: Etablierung des neuen demokratischen Systems
- In der Realität sind Phasen kaum voneinander abzugrenzen → Überlappung möglich
- Schwierigkeit bei exakter Trennung zwischen Institutionalisierung und Konsolidierung

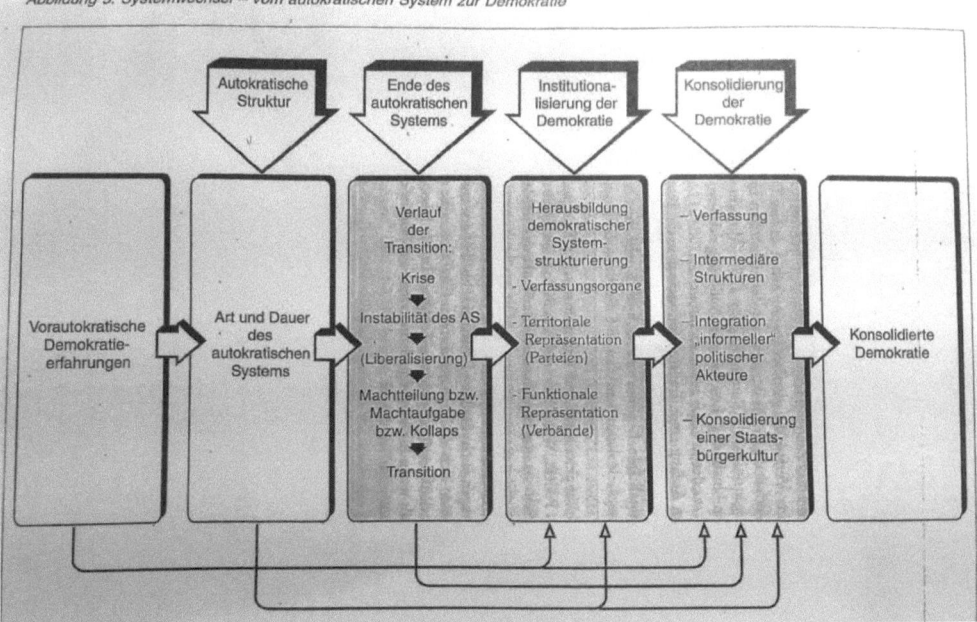

Abbildung 5: Systemwechsel – vom autokratischen System zur Demokratie

aus: Wolfgang Merkel: Systemtransformation, Wiesbaden ²2010

Differenzierung zwischen 4 Idealtypen des Systemwechsels

- Gelenkt
- Von unten erzwungener
- Von unten ausgehandelter
- Regime-Kollaps